BEI GRIN MACHT SICH IHR WISSEN BEZAHLT

AF131195

- Wir veröffentlichen Ihre Hausarbeit,
  Bachelor- und Masterarbeit

- Ihr eigenes eBook und Buch -
  weltweit in allen wichtigen Shops

- Verdienen Sie an jedem Verkauf

Jetzt bei www.GRIN.com hochladen und kostenlos publizieren

GRIN

Bibliografische Information der Deutschen Nationalbibliothek:

Die Deutsche Bibliothek verzeichnet diese Publikation in der Deutschen National-
bibliografie; detaillierte bibliografische Daten sind im Internet über http://dnb.d-
nb.de/ abrufbar.

Dieses Werk sowie alle darin enthaltenen einzelnen Beiträge und Abbildungen
sind urheberrechtlich geschützt. Jede Verwertung, die nicht ausdrücklich vom
Urheberrechtsschutz zugelassen ist, bedarf der vorherigen Zustimmung des Verla-
ges. Das gilt insbesondere für Vervielfältigungen, Bearbeitungen, Übersetzungen,
Mikroverfilmungen, Auswertungen durch Datenbanken und für die Einspeicherung
und Verarbeitung in elektronische Systeme. Alle Rechte, auch die des auszugsweisen
Nachdrucks, der fotomechanischen Wiedergabe (einschließlich Mikrokopie) sowie
der Auswertung durch Datenbanken oder ähnliche Einrichtungen, vorbehalten.

Impressum:

Copyright © 2016 GRIN Verlag, Open Publishing GmbH
Druck und Bindung: Books on Demand GmbH, Norderstedt Germany
ISBN: 978-3-668-15633-3

Dieses Buch bei GRIN:

http://www.grin.com/de/e-book/316389/gewalt-in-der-familie-erklaerungsansaetze-
folgen-und-sozialpaedagogische

Manuel Lemke

Gewalt in der Familie. Erklärungsansätze, Folgen und sozialpädagogische Präventionsmaßnahmen

GRIN Verlag

GRIN - Your knowledge has value

Der GRIN Verlag publiziert seit 1998 wissenschaftliche Arbeiten von Studenten, Hochschullehrern und anderen Akademikern als eBook und gedrucktes Buch. Die Verlagswebsite www.grin.com ist die ideale Plattform zur Veröffentlichung von Hausarbeiten, Abschlussarbeiten, wissenschaftlichen Aufsätzen, Dissertationen und Fachbüchern.

Besuchen Sie uns im Internet:

http://www.grin.com/

http://www.facebook.com/grincom

http://www.twitter.com/grin_com

Inhalt

1. Einführung

Gewalt in Familien war bis Ende der 70er Jahre in Deutschland ein Tabuthema. Erst durch die Frauenbewegung in den 80er Jahren wurde dies zu einem gesellschaftlichen Problem. Davon profitierten nicht nur die Frauen, welche Gewalt in ihrer Familie erlebt haben, sondern auch Kinder. Diese können oft nicht für ihre Rechte einstehen, da sie die Gesetze und die Möglichkeit sich darüber zu informieren nicht nutzen können oder nicht darüber Bescheid wissen. Gewalt in Familien lässt sich somit in zwei Hauptgruppen einteilen. Gewalt gegen den Partner und Gewalt gegen Kinder. (Gewalt der Kinder den Eltern gegenüber oder Gewalt von Geschwisterkindern wird in dieser Seminararbeit nicht behandelt) In diesem Vorwort wird zuerst die Gewalt gegen Kinder und anschließend Gewalt innerhalb einer Ehe oder Partnerschaft thematisiert

„Ein Klaps auf den Hintern oder mal ein paar hinter die Ohren, das hat doch wohl noch keinem geschadet!" [1] Eine Bagatellisierung dieser oder anderer Art erscheint des Öfteren, wenn die Thematik der Kindesmisshandlung angesprochen wird. Dabei fallen mehr als 200000 Kinder pro Jahr Erwachsenen zum Opfer, welche ihre Machtrolle ausnutzen und Gewalt an Schwächeren verüben. Um gleich zu Beginn noch konkreter in dieser Thematik zu werden: In der Bundesrepublik Deutschland sterben laut Polizeistatistik wöchentlich drei Kinder an den Verletzungen ihrer zugetragenen Misshandlungen. Ebenso geschehen wöchentlich 70 derartige Gewaltanwendungen gegen Kinder, dass diese ärztlich behandelt werden müssen. [2] Dabei scheint das Dunkelfeld ziemlich überragend zu sein. Verletzungen, Misshandlungen, Demütigungen, Beschimpfungen, langanhaltender Liebesentzug oder Beschädigungen der Psyche des Kindes sind schließlich nicht mit dem Fotoapparat festzuhalten – so erscheint ein Misshandlungsfall als eher zufällig entdeckt.

Dabei wird doch eigentlich von dem harmlosen Klaps auf den Hintern gesprochen. Oder vielleicht viel mehr von einer Entladung aggressiver Befähigungen gegenüber schwächeren Teilen einer Gemeinschaft - also Kindern? Und ist dies nicht ein klares Zeichen der Hilflosigkeit seitens der Eltern, ihre elterliche Fürsorgepflicht gegenüber ihren Kindern nicht alleine bewerkstelligen zu können, auf die Bedürfnisse ihres Kindes nicht adäquat einwirken zu können und letztes Endes mit ihren ganz eigenen, individuellen Problemen im täglichen Leben nicht zurecht zu kommen?

Misshandlungsthematiken, Gewaltanwendungen in Familien sind Felder, in welchen

---

[1] Tsokos Michael, Guddat Saskia: Deutschland misshandelt seine Kinder, Droemer Verlag, 2014, S. 7
[2] Vgl. Tsokos Michael, Guddat Saskia: Deutschland misshandelt seine Kinder, Droemer Verlag, 2014, S. 9

differente Professionen tätig sind und sich unumgänglich damit beschäftigen. Pädagogen, Juristen, Sozialarbeiter, Soziologen, Psychologen und Ärzte.

„Familiendrama in Aachen – Mann schlägt Frau und Tochter krankenhausreif"[3] Zeitungsmeldungen wie diese sind in regionalen Zeitungen häufig zu finden und lösen in der Öffentlichkeit Betroffenheit und Unverständnis aus. Die Familie gilt als Ort für emotionale Nähe, Sicherheit und Wertschätzung. Es gibt auch eine Kehrseite der Medaille.

Noch vor weniger als einem halben Jahrhundert galt in Familien das Familienoberhaut -der Mann- als Person, welche Sorge zu tragen hatte, dass diese Gemeinschaft funktioniert. Der Staat hatte sich in diese Gemeinschaft nicht einzumischen. Was hinter geschlossenen Türen geschah, drang kaum an die Öffentlichkeit- selten nur an die staatlichen Kontrollorgane. In Gang gekommene Strafverfahren wurden meist eingestellt ohne zu einer beidseitigen Einigung zu kommen. In der Gegenwart gibt es keine Gewalt mehr in Familien, da diese durch Gesetzt, Maßnahmen, Beratungen, Aufklärung etc. vorgebeugt werden. Oder ist das ein Irrtum?[4] Findet in der modernen und aufgeklärten Zeit noch Gewalt in Familien statt?

Die vorliegende Arbeit soll nun ebenfalls einen kleinen Beitrag dazu leisten, die Thematik Gewalt in Familien näher zu beleuchten und Fragen nach der Mehrdimensionalität dieser Spannbreite an Gewaltanwendungen in dem Mikrosystem Familie darzulegen und zu erläutern. Denn auch wir als Studentinnen und Studenten der Sozialen Arbeit kommen immer wieder mit dieser Thematik der Gewaltanwendungen in Familien in Kontakt und müssen Entscheidungen zum Wohl und zum Schutz der Gewaltopfer treffen. Es wurde zunehmend deutlich, dass sich der Staat nicht aus dem familiären Geschehen heraushalten kann und darf, wenn Mitglieder der Familie im Rahmen von strafbaren gewaltsamen Verhaltensweisen durch ein weiteres Familienmitglied, zum Beispiel durch Körperverletzung oder Ähnliches, massiv geschädigt werden. Gerade bei solchen Straftaten darf nicht außer Acht gelassen werden, dass die Dunkelziffer äußerst weit oben angesetzt wird, da eine besondere Hemmschwelle bei der Erstattung einer Strafanzeige gegen den (Ehe-)Partner -oder den Kindern- vorhanden ist.[5]

Es geht im Folgenden darum, zunächst einmal einen geschichtlichen Umriss und

---

[3] http://www.psychostudium.de/literaturincludes/probetexte/3621276815.pdf (Leseprobe aus: Jungbauer, Familienpsychologie
[4] Vgl. Kury, Helmut; Obergfell-Fuchs, Joachim (Hrsg.): Gewalt in Familien, Lambertus Verlag, Freiburg im Breisgau, 2005 S. 1
[5] Vgl. Kury, Helmut; Obergfell-Fuchs, Joachim (Hrsg.): Gewalt in Familien, Lambertus Verlag, Freiburg im Breisgau, 2005 S. 11

geschichtliche Entwicklungen in Bezug auf Gewalt in Familien zu ermöglichen. Anschließend sollen die beiden Begrifflichkeiten, um welches es sich vordergründig in diesem Gebiet handelt, Familie sowie Gewalt beschrieben werden. Ebenso die Formen der Gewaltaktivität in Familien, welche ihren Ausdruck in vier verschiedenen Bereichen finden. Darauffolgend sollen verschiedene Erklärungsansätze dazu dienen, das zuvor Beschriebene verständlich zu machen und nach Ursachen von Misshandlungen, Sexueller Gewalt und Vernachlässigung zu forschen. Anschließend sollen differente Interventions- uns Präventionsmaßnahmen aufzeigen, in wie weit man gegen Gewalt in Familien vorgehen kann und wie durch verschiedene Netzwerke und sozialpädagogische Möglichkeiten zu einer Verbesserung dieser Thematik beigetragen wird. Abschließend sollen die physischen wie auch psychosozialen und psychische Folgen von Misshandlungen erläutert werden.

2. Gewalt innerhalb der Familie – ein geschichtlicher Hintergrund

Die am häufigsten auftretende Form von Gewalt ist die Gewalt in sozialen Nahbeziehungen.[6] Des Weiteren geht man von der Annahme aus, dass die Existenz der Menschen in den westlichen Gesellschaften unter anderem aus direkten und indirekten Gewalterfahrungen besteht. Das also jeder Mensch mit Gewaltanwendungen in Berührung kommt.[7] Wirft man den Blick weit zurück und auf den Teil der Gesellschaft, welcher am meisten Schutz benötigt, nämlich die Kinder, zeigt sich eine Jahrhundert lange Reihe von Züchtigungen, Kindstötungen, gar wurde ihnen eine Gleichstellung mit Waren zugesprochen, sodass auch Kinder verkauft werden durften, Kinderarbeit, Machtausübungen gegen das schwächere Glied der Familie etc. Noch vor dem 16. Jahrhundert wurden Kindstötungen nur sehr selten verfolgt und bestraft – was einen Einblick in das Bewusstsein gegenüber Kinder ebenso wie die Wertschätzung dieser in der Zeit noch vor dem 16. Jahrhundert wieder spiegelt. Kinder galten mehr als Gegenstand mit welchem in sämtliche Richtungen, Arten und Formen hantiert werden konnte. So galt beispielsweise auch im Mittelalter die Ohrfeige als Züchtigungsmittel und als Zeichen der minderwertigen Stellung gegenüber der Frau, den Kindern oder dem Gesinde.[8]

---

[6]Vgl. Kohl, Helmut; Landau Herbert (Hrsg.): Gewalt in sozialen Nahbeziehungen – Frankfurter Tage der Rechtspolitik 2000, Hermann Luchterhand Verlag, 2001, S. 12
[7]Vgl. Mertens, Birgit; Pankofer ,Sabine: Kindesmisshandlung, Ferdiand Schöning, Paderborn, 2011, S. 17
[8]Vgl. ebd.

Noch in den 1950er Jahren galt die Züchtigung als eine sogenannte „adäquate Fürsorgemaßnahme der Eltern"[9]. Diese sogenannte Fürsorgemaßnahme sollte im damaligen Bewusstsein zu einer Wirkung zum Wohle des Kindes heranführen. Auch beim bekannten „Klaps" handelte es sich in den 1970 Jahren als ein Mittel zur Erziehung welches als abgesichert galt. Es entsprach also der Norm, diese Verfügung in Kraft zu setzen. Das nun folgende Zitat von einem Münchner Kinderarzt veranschaulicht diese Denkweise:

„In nicht wenigen Situationen kann ein kleiner Klaps zur rechten Zeit überhaut die beste Erziehungshilfe sein. (...) Es gibt kein wissenschaftlich begründetes Ergebnis, nach dem die körperliche Bestrafung grundsätzlich schlecht ist. (...) Wir wissen heute, nicht zuletzt durch die Erkenntnisse aus der Verhaltenstherapie, daß das kleine Kind durch sofortige Belohnung oder Bestrafung besonders leicht zum richtigen Verhalten geführt werden kann. Wenn ein Kind noch nicht einsehen kann, daß es irgend etwas unter keinen Umständen tun darf, ist es besser, statt zu verbieten, einen Klaps zu geben..."[10]

Ausgangslage dieser Argumentation war wohl der ausschlaggebende Aspekt, dass mit Kindern nicht geredet werden kann und im Kleinkindalter das Verständnis fehlt. Somit blieb die Lösung des Züchtigungsvorgangs legitimiert.

Mehr Diskussionen zum Thema Kinderschutz wurden 1977 ausgelöst. Es wurde ein Züchtigungsverbot gegenüber Lehrerinnen und Lehrer deklariert und den Bereich der Züchtigung ausschließlich im Bereich des privaten, also der Familie, zugestanden. Bis dato war es jeglichen Erziehungspersonen erlaubt, körperliche Bestrafungen an den von ihnen Lehrenden auszuüben.[11]

Resultierend aus einer Studie der 90er Jahre, galt Gewaltanwendung als eine Möglichkeit zur Erziehung und war darüber hinaus in Deutschland eine weit verbreitete Art, mit dem Kind zu interagieren. Somit waren also das kräftige Hintern versohlen und harte Ohrfeigen ein legitimes Mittel, das nicht unbedingt Aufsehen erregte, sondern zur gemeinschaftlichen Entwicklung und speziell zur Entwicklung des Kindes dazugehörte.[12]

Um in der Zeit weiter zu gelangen, ergaben Untersuchungen von 1997, welche in vier deutschen Städten praktiziert wurden, dass von den befragten Jugendlichen insgesamt

---

[9]Mertens, Birgit; Pankofer ,Sabine: Kindesmisshandlung, Ferdiand Schöning, Paderborn, 2011, S. 44
[10]Mertens, Birgit; Pankofer ,Sabine: Kindesmisshandlung, Ferdiand Schöning, Paderborn, 2011, S. 44-45
[11]Vgl. ebd.
[12]Vgl. Kohl, Helmut; Landau Herbert (Hrsg.): Gewalt in sozialen Nahbeziehungen – Frankfurter Tage der Rechtspolitik 2000, Hermann Luchterhand Verlag, 2001, S. 12

mehr als die Hälfte bis zur Vollendung ihres 12. Lebensjahr eine Art von Gewalt ausgehend von den Eltern erfahren mussten.[13]

Immer mehr kamen Diskussionen auf, welche die Sachlage des zweiten Artikels im zweiten Absatz des Grundgesetzes „Jeder hat das Recht auf Leben und körperliche Unversehrtheit. Die Freiheit der Person ist unverletzlich" ins Bewusstsein rief. Somit blitzte immer mehr der Gedanke in Vordergrund, dass auch Kinder das Recht auf eine geschützte und gewaltfreie Entwicklung haben. Dies wurde dann mit dem Übereinkommen über die Rechte des Kindes, welches für Deutschland 1992 verabschiedet wurde, als Grundlage für das Bewusstsein eines Verbots der Züchtigung wahrgenommen und somit der Grundstein auf eine gewaltfreie Erziehung verbunden mit Würde und Schutzmaßnahmen gegenüber den schwächeren Mitgliedern einer Gesellschaft gelegt. Ebenfalls erreichte der im Jahre 2000 reformierte §1631 im Bürgerlichen Gesetzbuch mehr Rechte für Kinder und zielte auf eine gewaltfreie Erziehung hin – auch im Hinblick auf die Entziehung des elterlichen Sorgerechts seitens eines Eingriffs des Staates.[14]

In der Gegenwart gibt es besondere Schwierigkeiten im Umgang mit häuslicher Gewalt. Für die freien wie auch für die öffentlichen Träger der Jugendhilfe spielt das Doppelmandat dabei eine entscheidende Rolle. Der Spagat zwischen Hilfe leisten und Kontrolle ausüben stellt die Praktiker der Sozialen Arbeit vor eine schwere Aufgabe. So haben z.B. Sozialarbeitende des Jugendamtes einerseits die Aufgabe, Eltern in schwierigen Lebenslagen zu unterstützen, auf der anderen Seite müssen sie kontinuierlich überprüfen ob die Eltern ihren Erziehungsaufgaben gewachsen sind oder möglicherweise ihre Fürsorgepflicht zu verletzen. Aus diesem Grund ist es schwierig, Kontrolle in diesem Setting richtig zu dosieren. Findet zu wenig Kontrolle statt, birgt es das Risiko frühe Anzeichen oder sogar eindeutige Hinweise für häusliche Gewalt zu übersehen. Durch zu viel Kontrolle können Familienmitglieder zu Unrecht als Täter verdächtigt werden. Als Sozialarbeiter beseht dann die Gefahr zu schnell in eine stigmatisierende Haltung der Klientel gegenüber zu verfallen.

Gewalt in der Familie ist nicht erst im letzten Jahrhundert entstanden oder in diesem „schlimmer" geworden als früher, sondern wird in einer mehr und mehr aufgeklärten Gesellschaft als Problem deklariert und neu bewertet.[15]

---

[13]Vgl. ebd.
[14]Vgl. Mertens, Birgit; Pankofer ,Sabine: Kindesmisshandlung, Ferdiand Schöning, Paderborn, 2011, S. 46
[15] Vgl. Kury, Helmut; Obergfell-Fuchs, Joachim (Hrsg.): Gewalt in Familien, Lambertus Verlag, Freiburg im Breisgau, 2005, S 19

Anfang der 80er Jahre des vergangenen Jahrhunderts bewegte sich der Gewaltkurs in Deutschland in eine neue Richtung. Gewalt in der Ehe oder der Partnerschaft. Durch die Frauenbewegung Mitte der 70er Jahre begann die Diskussion, ob es Gewalt in Familien oder häusliche Gewalt gibt. Die Öffentlichkeit wurde für dieses Thema sensibilisiert. Das Bestreben, körperliche Aggressionen gegen Frauen nicht mehr länger als Gewohnheitsrecht, sondern als strafrechtlich sanktionierbare Gewalt zu behandeln, wurde in den Gesetzesänderungen der 90er Jahre niedergeschrieben. Die sexuelle Selbstbestimmung in der Ehe wurde erst Ende des 20. Jahrhunderts (1997) gesetzlich festgehalten.[16]

3. Begriffsdefinitionen: Gewalt und Familien

3.1 Soziologischer Begriff der Gewalt

Das Aufkommen von Gewalt in Familie sowie in der Gesellschaft ist eine nicht selten auftretende Erscheinung. Dabei erscheint es als schwierig, den Begriff der Gewalt zu fassen, da seine Definitionen auf differenten Ebenen sowie unter verschiedenen Blickwinkel zu betrachten ist.[17]

Die Wortherkunft des Begriffs Gewalt bildet sich aus dem althochdeutschen Verb *walten,* was in der Bedeutung mit *stark sein, beherrschen* übereinkommt und letzten Endes das „Verfügen-können über das innerweltliche Sein"[18] ausdrückt. Demzufolge drückt der Begriff der Gewalt die Befähigung zur Ausführung einer Handlung, ohne darüber urteilen zu können, ob dies rechtens von statten geht oder nicht.[19]

Im heutigen Verständnis des Gewaltbegriffs bezeichnet es eine (rechtskräftige) Durchführung von Herrschaft. In Folge dessen erreicht der Begriff eine Machtposition, wie es beispielsweise in Form staatlicher Gewalt oder der elterlichen Gewalt vorkommt. Durch den Begriff der Staatsgewalt erreicht es eine gewisse Rechtsgültigkeit im politischen Sinne, da es sich um die ausführende Gewalt (Judikative, Exekutive, Legislative) handelt und in einem gesellschaftlichen Kontext mit Normen, Werten und Gesetzgebungen verbunden ist.[20] Ein weiterer Aspekt der Begrifflichkeit Gewalt liegt dem körperlichen und seelischen Schmerz zu Grunde, welcher Tieren gleichermaßen

---

[16] Vgl. Kury, Helmut; Obergfell-Fuchs, Joachim (Hrsg.): Gewalt in Familien, Lambertus Verlag, Freiburg im Breisgau, 2005, S. 37f
[17] Vgl. Mertens, Birgit; Pankofer ‚Sabine: Kindesmisshandlung, Ferdiand Schöning, Paderborn, 2011, S. 15
[18] Mertens, Birgit; Pankofer ‚Sabine: Kindesmisshandlung, Ferdiand Schöning, Paderborn, 2011, S. 15
[19] Vgl. ebd.
[20] Vgl. ebd.

wie Menschen zugefügt werden kann. Unter diesem Blinkwinkel wird Gewalt als eine illegitime Durchführung von Zwangselementen beschrieben, da der Wille derer Menschen, welchen Gewalt zugefügt wird, übergangen oder nicht beachtet wird. Hierbei handelt es sich um Schädigungen psychischer und physischer Art gegenüber einer Person sowie die Androhung auf ein solches Vorhaben. Dabei vergegenwärtigt der Begriff der psychischen Gewalt Drohungen, Entwürdigungen sowie Beschimpfungen.[21]

Gewalt geschieht auf zwei Arten: einerseits wird sie ausgeführt und angewendet, andererseits wird sie erlebt und erfahren. Aufgrund dessen wird hierbei differenziert zwischen dem/ der Gewaltausübenden* und dem/derjenigen, welche/r in die Erfahrung der Gewalt hineinfällt. Also Täter und Opfer, ohne diesen beiden Wörtern zu viel Aufmerksamkeit zu schenken, da ich lieber anstelle von Opfer Beschädigte/r ausführen würde. Allerdings ist das Wort Opfer im gesellschaftlichen Sprachgebrauch verankert, warum ich diese Begrifflichkeit nun auch so übernehme. Diese Art der Kategorisierung Täter – Opfer scheint eindeutig und unwiderruflich, was es ebenfalls in den meisten Vorfällen einer Gewaltanwendung im Vernehmen der Ausübung und des Erlebens ist.

Im Folgenden möchte ich nun eine Auflistung der Autoren Birgit Mertens und Sabine Pankofer zum Thema Gewalt übernehmen, da es die verschiedenen Dimensionen dieses doch sehr komplexen Begriffs anschaulich und gut beschreibt und man somit einen Einblick darin verliehen bekommt, welche Ausmaße diese Begriffsdefinition der Gewalt mit sich bringt. Im Hinblick auf diese Seminararbeit, wird im weiteren Verlauf der Blick auf die strukturelle Gewalt, sowie auf physische, psychische und sexuelle Gewalt innerhalb der Familie geworfen und dahingehend erläutert.

- „physische Gewalt als gefühlte und erlebte Gewalt gegen den Körper und die physische Unversehrtheit
- psychische Gewalt als eine auf der Ebene der Emotionen gefühlte und erlebte Gewalt, die mit Gefühlen der Bedrohung oder Aggressionen einher gehen kann
- sexuelle Gewalt: erlebte und gefühlte Übergriffe auf der sexuellen Ebene
- kulturelle Gewalt: erlebte und gefühlte Angriffe aufgrund der kulturellen und ethnischen Zugehörigkeit
- zielgerichtete Gewalt
- unmittelbare Gewalt
- strukturelle Gewalt

---

[21]Vgl. ebd.
* Gendergerechtigkeit: beide Geschlechter sind gemeint und werden angesprochen.

- diskursive Gewalt
- politische Gewalt
- legitime Gewalt
- illegitime Gewalt
- höhere Gewalt"[22]

Durch diese ausführliche Auflistung an unterschiedlichen Gewaltformen wird erkennbar, dass ein Leben in Gemeinschaften durch mehrere Arten von Gewalt durchzogen ist.

Dabei gestaltet sich jede Gesellschaft ihre eigene Definition von Gewalt, da sie unterschiedliche und jeweils ihre individuellen Werte und Normen gegenüber dem Begriff der Gewalt hegen. Dahingehend ist der soziale Kontext, in welchem es zu einem Ausbruch der Gewalt kommt, wichtig zu beachten, ebenso wie deren Akzeptanz gegenüber dieser Gewalt.[23]

Um den Transfer zwischen Gewalt und Familie wiederherzustellen:

Max Horkheimer und Erich Fromm fanden heraus, dass die Gewaltmuster in einer Familie die selben ausmachen, wie die Gewaltmuster in der Gesellschaft. Somit ist die Familie „ein Spiegelbild dafür, wie gewaltbelastet die direkte Umwelt und damit die Gesellschaft an sich in ihrem jeweiligen historischen Kontext ist."[24]

3.2 Gewaltbegriff im Kontext Ehe/Partnerschaft

Eine präzise Bestimmung und Eingrenzung dieser Gewalt ist bisher nicht gelungen, da Definition von Gewalt nicht nur von gesellschaftlichen Wertvorstellungen, soziostrukturellen und kulturellen Bedingungen und deren Wandel abhängen, sondern ganz entscheidend auch vom Blickwinkel und den Interessen der Definierenden. Damit ist die Begriffsbestimmung nicht zuletzt eine Frage der Perspektive, der wissenschaftlichen Disziplin und der Zweckmäßigkeit.[25]

Somit lässt sich Gewalt bereits definieren als „Gewalt ist das, was eine Frau als Gewalt empfindet", über Verständnis von Gewalt als der ganzen „Breite von Handlungen oder Handlungszusammenhängen durch die Frauen in ihrer physischen oder psychischen Integrität verletzt oder in ihrer Handlungsfreiheit eingeschränkt werden", bis zur

---

[22]Mertens, Birgit; Pankofer ,Sabine: Kindesmisshandlung, Ferdiand Schöning, Paderborn, 2011, S. 16
[23]Vgl. ebd.
[24]Mertens, Birgit; Pankofer ,Sabine: Kindesmisshandlung, Ferdiand Schöning, Paderborn, 2011, S. 17
[25] Vgl. Kury, Helmut; Obergfell-Fuchs, Joachim (Hrsg.): Gewalt in Familien, Lambertus Verlag, Freiburg im Breisgau, 2005, S 19f

Einschränkung der Gewalt auf kriminalisierte und eindeutig strafbare Handlungen.[26] Auch wenn hier davon ausgegangen wird, dass die Gewaltaktion vom Mann ausgeht und die Frau die Opferrolle einnimmt, ist dies geschlechterunspezifisch zu sehen.

3.3 Der Begriff der Familie

Die Familie bildet den „Kern der Gesellschaft" und genießt nicht zuletzt deshalb den besonderen Schutz des Gesetzgebers. Die Familie wird als Quelle sozialer Werte und Normen angesehen und dient in der Gegenwart als Ort für die Vorstellung und Realisierung von Glück, Nähe, Liebe und Geborgenheit.[27]

An die Mitglieder der Familie sind die Anforderungen und Erwartungen in den letzten Jahren spürbar gestiegen. Kinder und Jugendliche haben durch ihre Eltern und nicht zuletzt durch die Gesellschaft einen schulischen Leistungs- und Erwartungsdruck. Es wird eine höhere Bildung für die eigenen Kinder gewünscht und diese dementsprechend gefördert. Nicht nur Kinder sind höheren Anforderungen ausgesetzt, sondern auch die Partner innerhalb der Ehe. In Anbetracht der wachsenden Probleme und Schwierigkeiten denen viele Familien ausgesetzt sind -fehlende Vorbereitung auf die Ehe und das Familienleben, schlechte und beengte Wohnverhältnisse, wirtschaftliche Schwierigkeiten- werden die Erziehungsanforderungen für viele Eltern einer großen Belastung.[28]

4. Innerfamiliäre Gewaltausübungen

Gewalt zwischen Familienmitgliedern findet meist ein der gemeinsamen Wohnung statt und wird aus diesem Grund als „häusliche Gewalt" bezeichnet. Diese umfasst körperliche und seelische Misshandlungen unterschiedlicher Schweregrade. Häusliche Gewalt wirkt sich auf unterschiedlichen Ebenen negativ auf die betroffenen Familienmitglieder -Kind(er) Partner, Partnerin- aus. Dabei können körperliche Folgen, psychische und psychosomatische Beeinträchtigungen und für Kinder soziale Folgestörungen der Entwicklung folgen. Es ist schwierig zuverlässige Daten für die Häufigkeit von Gewalt in der Familie zu gewinnen. Die aktuellen Schätzungen, Hochrechnungen und Befunde deuten darauf hin, dass häusliche Gewalt weit

---

[26] Vgl. Kury, Helmut; Obergfell-Fuchs, Joachim (Hrsg.): Gewalt in Familien, Lambertus Verlag, Freiburg im Breisgau, 2005, S 20
[27] Vgl. Kury, Helmut; Obergfell-Fuchs, Joachim (Hrsg.): Gewalt in Familien, Lambertus Verlag, Freiburg im Breisgau, 2005, S. 17
[28] Vgl. Kury, Helmut; Obergfell-Fuchs, Joachim (Hrsg.): Gewalt in Familien, Lambertus Verlag, Freiburg im Breisgau, 2005, S 18

verbreitet ist. Dabei ist zu beachten, dass häusliche Gewalt in allen sozialen Schichten und in allen Altersgruppen vorkommt. Experten gehen davon aus, dass es in Deutschland in jeder vierten Ehe oder Partnerschaft mindestens einmal zu Gewaltausübung gegen den oder die (Ehe-)Partner kam. In der Kindererziehung sind leichte Formen von Gewalt sehr verbreitet. Es wird geschätzt, dass 10% bis 15 % aller Eltern ihre Kinder häufig und schwerwiegend körperlich bestraft. Die Ursachen häuslicher Gewalt sind multifaktoriell, in komplexer Weise miteinander verknüpft und selten an einer Ursache festzumachen. Dieser Themenbereich wird ebenfalls in dieser Rubrik behandelt. Der folgende Abschnitt handelt davon, welche Arten von Gewaltausübungen innerhalb einer Familie aufkommen können. Dabei werden Gewaltanwendungen im Mikrosystem Familie exemplarisch an Kindern sowie unter Ehepartnern erläutert. Es wird auf aktive Gewalt eingegangen, welche durch körperliche Folgen sichtbar werden und Gewalt welche die Psyche und Seele eines Menschen verletzt. Diese können nicht ohne weiteres erkannt werden.

4.1 Formen der Kindesmisshandlungen

Die nun folgende Systematik der Misshandlungsarten folgt den Autoren Mertens und Pankofer.

4.1.1 körperliche Misshandlungen

Die Begrifflichkeit der körperlichen Misshandlung beinhaltet gewaltsame Handlungen, welche von elterlicher Seite ausgehend bei dem Kind Verletzungen physischer Art aufzeigen.[29]

Diese gewalttätigen Handlungen führen unmittelbar zu einer Beeinträchtigung der Entwicklung des Kindes. Zu den verschiedenen Formen physischer Misshandlungen gehören dabei beispielsweise das Werfen von Kindern gegen Gegenstände, Knochenbrechen, übermäßiges Schütteln, Zufügen von Verbrennungen, Stromschläge, Verätzungen, Schläge mit Gegenständen, Tritte, Erstickungsversuche etc. Dabei scheint der Kreativität dieser Tätigkeiten zur physischen Schädigung des Kindes keine Grenzen gesetzt zu sein. Inwieweit die betroffenen Kinder auf Grund dieser Gewaltanwendungen Verletzungen davontragen, hängt wesentlich von drei Faktoren ab. Ein Punkt hierbei wäre das *Ausmaß der Gewaltanwendung*. Um es an einem Beispiel festzuhalten besteht bei einer Ohrfeige weniger Verletzungspotenzial als bei

---

[29]Vgl. Engfer, Anette: Kindesmisshandlung, Ferdinand Enke Verlag, Stuttgart, 1986 S. 10

einem Tritt in die Bauchgegend. Ebenfalls spielt *das Alter des Kindes sowie die Sensibilität dieses* eine Rolle und kann dies bezüglich zu unterschiedlich ausgeprägten Verletzungsmustern führen. Als letzten Punkt werden die situativen Umstände beschrieben. Hierbei geht es um die vorkommende Intensität der zugefügten Verletzungen ebenso wie der Untergrund, auf welchem das Geschehen von Statten geht.[30]

4.1.2 Seelische und psychische Misshandlungen

Unter diesem Begriff der Misshandlung lassen sich elterliche Handlungen kategorisieren, welche dem Kind das Gefühl der Wertlosigkeit, der Herabsetzung und der Ablehnung vermitteln und Terrorisierung, Beschimpfungen sowie Überforderungen als Norm in der Beziehungsgestaltung zwischen Eltern und Kinder geltend gemacht werden. Durch diese Arten der Erniedrigungen und dem radikalen Liebesentzug wird die Persönlichkeit des Kindes nachhaltig geschädigt.[31]

4.1.3 Vernachlässigung

Der Begriff der Vernachlässigung impliziert ein andauerndes Unterlassen fürsorglicher Zuneigung gegenüber dem Kind. Im-Stich-Lassen, Fehlende Ernährung, unzureichende Kleidung sowie eine ungenügende Pflege und Versorgung werden der Vernachlässigung zugeschrieben. Ebenso werden keine kindlichen Bedürfnisse hinreichend gedeckt und zwischenmenschliche Kontakte erscheinen als eine Rarität. Nähe, Zuneigung, Liebe und Schutz bleiben dabei auf der Strecke und werden nicht in die Mutter-Kind-Beziehung integriert. Anreize zur Entwicklung des Kindes finden in keinster Weise statt, sodass zur Folge soziale Auffälligkeiten, Entwicklungsverzögerungen und Verwahrlosung entwickelt werden. Emotionale Zuwendung vor allem in den ersten Jahren des Kindes sind von elementarer Bedeutung und der Entzug dieser kann im schlimmsten aller Fälle zum Kindstod führen.[32]

4.1.4 Sexuelle Gewalt

Hinter dem Begriff der sexuellen Gewalt verbirgt sich die Verwendung und Ausnutzung von Machtpositionen ausgehend von Erwachsenen gegenüber Minderjährigen. Dabei werden Belästigungen, sexuelle Nötigung, Vergewaltigung, Masturbation, Verkehr (anal, oral, genital) unter Zwang sowie die Bedrängnis von Minderjährigen zu

---

[30]Vgl. Mertens, Birgit; Pankofer ‚Sabine: Kindesmisshandlung, Ferdiand Schöning, Paderborn, 2011, S. 32
[31]Vgl. Mertens, Birgit; Pankofer ‚Sabine: Kindesmisshandlung, Ferdiand Schöning, Paderborn, 2011, S. 32
[32]Vgl. ebd.

pornographischen Handlungen. Durch den Akt der sexuellen Gewalt werden Autonomie, Selbstwertgefühle, die Unversehrtheit des eigenen Körpers, die eigene Identität aufs äußerste geschädigt. Die körperliche und seelische Entwicklung des Kindes wird dabei schwerwiegend beeinträchtigt.

4.2 Gewalt in der Partnerschaft

4.2.1 Täter- und Opferrolle

Gewalt in der Partnerschaft galt lange als einseitige Gewalt. Der Mann wird in der Rolle des Täters gesehen und die Frau in der Opferrolle. Die Frage nach dem geschlagenen Mann galt lange als Tabuthema. Mitte der 90er Jahre wurde zunächst verhalten, dann auch offener die Frage nach der Gewaltaktivität von Männern *und* Frauen diskutiert. Damalige Veröffentlichungen widmeten sich nicht nur der Frau als Opfer, sondern auch als Täter, was gleichsam ein Tabubruch bedeutete. Der Mann -durchsetzungsfähig, risikobereit, aggressiv- hatte in der Opferrolle vorerst keinen Platz gefunden, da Frauen -fürsorglich, sozial, angepasst- nicht in das Profil eines Täters passten. Gewalt von Mädchen und Frauen wird daher nach dieser sozialen Konstruktion der Geschlechter üblicherweise bagatellisiert, ignoriert oder anders bewertet. Eine amerikanische Untersuchung wies darauf hin, dass Frauen in Partnerschaften ebenfalls Gewaltaktiv sind/waren und das bei *allen* erfassten Gewaltformen. Männer und Frauen können bei Gewalttaten in der Partnerschaft sowohl die Rolle des Opfers als auch die Rolle des Täters einnehmen.[33] In drei Fünftel der Fälle ist die männliche Person Gewaltaktiv gewesen, in zwei Fünftel die weibliche Person.[34]

In den folgenden Abschnitten wird die Gewalt als einseitig, der Mann als Täter, die Frau in der Rolle des Opfers dargestellt. Da die Gewaltaktivität in der Partnerschaft nicht einseitig stattfinden muss dies im weiteren Kontext auf beide Geschlechter übertragen werden.

4.2.2 Physische, psychische und sexuelle Gewalt

Häusliche Gewalt ist meist kein einmaliges Ereignis, sondern ein sich wiederholendes, bei dem die Täterhandlungen häufig im Sinne einer Gewaltspirale an Häufigkeit und Schwere zunimmt und verschiedene Misshandlungsformen – psychische, ökonomische, sexuelle und körperliche – ineinander übergehen. Frauen müssen meist

---

[33] Vgl. Kury, Helmut; Obergfell-Fuchs, Joachim (Hrsg.): Gewalt in Familien, Lambertus Verlag, Freiburg im Breisgau, 2005, S. 39f
[34] Vgl. Kury, Helmut; Obergfell-Fuchs, Joachim (Hrsg.): Gewalt in Familien, Lambertus Verlag, Freiburg im Breisgau, 2005, S 61

nicht nur eine Form dieser Gewalt erleiden. Psychische und ökonomische Gewalt bilden meist den Anfang, da Männer meist über das Familieneinkommen bestimmen und somit ihren Frauen die materiellen Mittel entziehen können. Durch diese Ausübung der Macht wird die Frau in ihrer Persönlichkeitsentfaltung eingeschränkt.[35] Erledigt die Frau ihre Pflicht als Hausfrau und gegebenenfalls als Mutter benötigt sie finanzielle Unterstützung seitens des Partners. Diese ökonomische Gewaltausübung geht meist mit der psychischen Gewalt einher. Psychische Gewalt ist heimtückisch. Körperliche Gewalt ist eindeutig, psychische Gewalt ist es nicht, niemand sieht die Verletzungen.[36]

Psychische Gewalt wird verdeckt ausgeübt. Arten psychischer Gewalt:

- Zwang und Bedrohung (dem Partner oder sich selbst etwas anzutun)

- Emotionaler Missbrauch (Beleidigungen, Demütigungen)

- Isolation (einschränken Umgang mit anderen Personen)

- Einschüchterung (zerschmettert Gegenstände)[37]

Sexuelle Gewalt in der Ehe kommt zahlenmäßig noch häufiger vor als physische Gewalt. Aus diesem Grund ist es sinnvoll diese beiden voneinander zu trennen. Klinisch gesehen bezieht sich sexuelle Gewalt auf jede unerwünschte sexuelle Handlung.[38] Die sexuelle Selbstbestimmung in der Ehe wurde erst Ende des 20. Jahrhunderts (1997) gesetzlich festgehalten. Bevor dieses Gesetz in Kraft trat, konnte in der Ehe keine Vergewaltigung stattfinden.[39]

Physische Gewalt bezeichnet jedes Verhalten, bei dem der Körper des Täters absichtlich so auf den Körper des Ehepartners einwirkt, dass dieser der Gefahr ausgesetzt ist körperlich verletzt zu werden. In etwa jeder 16ten Ehe kommt es zu Gewalttaten, wobei Männer und Frauen Gewaltaktiv sind. Die häufigsten Formen der

---

[35] Vgl. Kury, Helmut; Obergfell-Fuchs, Joachim (Hrsg.): Gewalt in Familien, Lambertus Verlag, Freiburg im Breisgau, 2005, S 20
[36] Vgl. Psychische Gewalt ist häusliche Gewalt, die im Verborgenen stattfindet. https://www.re-empowerment.de/haeusliche-gewalt/gewaltformen/psychische-gewalt-und-emotionale-misshandlung/)
[37] Vgl. Vgl. Dutton, Mary Ann: Gewalt gegen Frauen. Hans Huber Verlag, Bern 2002, S 45
[38] Vgl. Dutton, Mary Ann: Gewalt gegen Frauen. Hans Huber Verlag, Bern 2002
[39] Vgl. Kury, Helmut; Obergfell-Fuchs, Joachim (Hrsg.): Gewalt in Familien, Lambertus Verlag, Freiburg im Breisgau, 2005, S 37

Gewalt in einer Partnerschaft ist die Ohrfeige mit über 50%. Ein viertel alle Gewalttaten machen Tritte mit dem Fuß aus und jeweils mit knapp 15 % das schlagen mit der Faust oder einem Gegenstand.[40]

4.3 Was löst Gewalt in Familien aus?

In keiner anderen Gemeinschaft kommt es so häufig zu Gewalt wie in der Familie. Die Ursachen und Auslöser dieser dort angewandten Gewalt sind der Gesellschaft, respektive den Praktikern entsprechender Professionen, nicht unbekannt. Um genauer zu verstehen weshalb die Familie ein Ort ist der nicht nur Geborgenheit und Schutz bieten, sondern für die Familienmitglieder auch das Gegenteil bedeuten kann, wird anhand der Ursachen und Auslöser erläutert. Bei den Ursachen wird das Microsystem Familie genauer betrachtet, bei den Auslösern die offensichtlichen Gründer der Gewaltausübung.

4.3.1 Ursachen

Die Familie als Institution hat besondere Charakteristika, welche dazu führen, dass dieser Verband besonders anfällig ist für den Ausbruch körperlicher Gewalt. Schon alleine die Tatsache, dass im Normalfall die Familienmitglieder die Personen sind, mit welchen man am meisten Kontakt hat, stellt ein Risiko für eine Eskalation dar. Auf der Arbeit, in der Schule, in Vereinen treffen Personen aufeinander. Haben dort zwei Individuen eine strittige Meinungsverschiedenheit können diese im Regelfall -falls keine Einigung stattfindet- auf Distanz gehen und sich nur in absehbaren Zeitabständen begegnen. In der Familie ist das nicht der Fall. Den Ehepartner oder das Kind sieht man in einer Familie fast täglich. Die Streitigkeit findet in dem eigenen zu Hause statt. Sind die Problemlösungsstrategien ausgeschöpft kann Gewalt als letzter Ausweg von der Durchsetzung seiner eigenen Meinung gesehen werden. Mit „den Individualraum beschränkende Aktivitäten" sind allgemeine Familienaktivitäten gemeint. Hierbei müssen sich die Familienmitglieder dem Familienhaupt anschließen. Dadurch kann sich Wut anstauen und nach einer Zeitabschnitt in Form von Gewalt entladen werden. Frustration kann schon bei der Musikwahl im Haus oder am Morgen durch das Blockieren des Bades aufkommen.[41]

---

[40] Vgl. Kury, Helmut; Obergfell-Fuchs, Joachim (Hrsg.): Gewalt in Familien, Lambertus Verlag, Freiburg im Breisgau, 2005. S.47ff
[41] Vgl. Feltes, Thomas(Hrsg.): Gewalt in der Familie – ein polizeiliches Problem? Fachhochschule Villingen-Schwenningen, Hochschule für Polizei 1997, S. 60ff

Die Familie ist ein ständiger Schauplatz für Generations- und Geschlechterkonflikte. Aufgrund biologischer Charakteristika sind die Rollen in der Familie zwar nicht vollumfänglich vordefiniert, jedoch in beträchtlichem Ausmaß vorgezeichnet. Ein schlechtes erfüllen der Rolle -durch z.b. nicht Identifikation damit- für zu weiterem Konfliktpotenzial.[42]

Sehr viele Auslöser können in der Familie zu Gewalt einer Seite führen. Die fünf Häufigsten werden im Folgenden angeführt. Knapp ein Drittel aller Polizeieinsätze in Familie findet wegen eines Streites aufgrund der Alkohol- oder Drogensucht statt. An zweiter Stelle mit zehn Prozent stehen Streitigkeiten mit Gewaltausübung aufgrund des Wohnrechtes bzw. des Mietverhältnisses. Mit nur einem Prozent darunter ist der Auslöser für Gewalt die Kindererziehung sowie das Sorgerecht. Mit jeweils acht Prozent sind Eifersucht zum einen und Scheidungsstreitigkeiten zum andern angeführt.[43]

5. Soziologische Erklärungsansätze von Kindesmisshandlung

In diesem Abschnitt der vorliegenden Seminararbeit sollen anhand der Kindesmisshandlung verschiedene Erklärungsansätze verdeutlicht werden, welche mit soziologischer Blickweise auf Ansätze des Verstehens, nicht aber der Duldung, von Kindesmisshandlung aufmerksam machen sollen.

Soziologische Erklärungsansätze richten ihre Sichtweisen auf die Gesamtheit der Gesellschaft, in welchen es zu Bedingungen kommt, die Misshandlungen begünstigen oder gar zu billigen innerfamiliärer Gewalt führen. Es handelt dabei also nicht davon, dass Eltern gewissermaßen in ihrer frühen Kindheit dementsprechend entwicklungsbedingt geprägt wurden oder Persönlichkeitsmerkmale aufweisen, die zu Misshandlungen führen könnten. Gegenstand der soziologischen Erklärungsansätze in dieser Thematik der Kindesmisshandlung sind gewalterzeugende Verhältnisse, die auf differenten Ebenen im gesamtgesellschaftlichen Kontext festgemacht werden können. Dazu gehören verschiedene Aspekte. Der erste Aspekt ist hierbei die allgemeine

---

[42] Vgl. Feltes, Thomas(Hrsg.): Gewalt in der Familie – ein polizeiliches Problem? Fachhochschule Villingen-Schwenningen, Hochschule für Polizei 1997, S 61
[43] Vgl. Feltes, Thomas(Hrsg.): Gewalt in der Familie – ein polizeiliches Problem? Fachhochschule Villingen-Schwenningen, Hochschule für Polizei 1997, S 15f

Billigung der Gesellschaft im Hinblick auf Gewalt- vor allem im Umgang mit Kindern. Des Weiteren wird ein Blick auf die Lebensbelastungen geworfen, die Familien überfordern. Ebenso wird die Möglichkeit der fehlenden Unterstützungssysteme in Krisen einer Familie in Erwägung gezogen, welche zur Entlastung beitragen würden. Die letzte Ebene weist auf Strukturmerkmale einer Familie hin, die schneller Konflikte zwischen Familienmitgliedern herbeirufen.[44]

Durch diese Miteinbeziehung der verschiedenen Ebenen wird der Blickwinkel einer alleinigen individuumszentrienten Betrachtungs- und Erklärungsweise erweitert, in dem man äußere Faktoren der Umwelt miteinbezieht. Es handelt im Folgenden also nicht um Eltern-Kind-Beziehungen, Sanktionen, Erziehungsverhalten sondern kreist um den Begriff der Gewalt. Nach Bronfenbrenner und Belsky lassen sich soziologische Erklärungsansätze zur Misshandlungsthematik auf insgesamt drei Ebenen ansiedeln. Auf der Mikroebene der Familie, auf der Makroebene sowie auf der Ebene der Meso- und Exosysteme.[45]

- Auf der Mikroebene werden hierbei Strukturmerkmale aufgezeigt, welche im innerfamiliären Rahmen als wesentlich geltend gemacht werden, allerdings Konfliktpotenzialen impliziert.

- Auf der Ebene der Meso- und Exosysteme handelt es sich um Belastungen, die das Leben erschweren und zu Überforderungen beiträgt. Beispiele wie die Zugehörigkeit zur Unterschicht, Armut oder Arbeitslosigkeit gehören auf diese Ebene und können das Gewaltpotenzial innerhalb der Familie fördern und zum Ausbruch bringen. Nicht nur Lebensbelastungen, auch soziale Unterstützungssysteme werden in den Meso- und Exosystemen herangezogen. Diese Unterstützungssysteme dienen der Familie als wichtige Ressourcen in Lebensbelastenden Situationen.

- Auf der Makroebene wird unter dem Blickwinkel der strukturellen Gewalt diskutiert. Dabei wendet man den Blick auf gesamtgesellschaftliche Umstände der sozialen Diskrepanz. Es wird dabei danach gefragt, in wie weit gewaltbereite Handlungen zur Bewältigung eines Konfliktes in der Gesellschaft akzeptiert und gemaßregelt werden. Des Weiteren wird unter dem Aspekt der Macht innerhalb der Gesellschaft der Stellenwert von Kindheit, sowie der rechtliche Schutz und der öffentlichen, gemeinschaftlichen Fürsorge und Verantwortungsbewusstsein analysiert.[46]

---

[44]Vgl. Engfer, Anette: Kindesmisshandlung, Ferdinand Enke Verlag, Stuttgart, 1986, S.59
[45]Vgl. Engfer, Anette: Kindesmisshandlung, Ferdinand Enke Verlag, Stuttgart, 1986, S. 59f.
[46]Vgl. ebd.

5.1 Erklärungsansatz nach Gil: strukturelle Gewalt als Auslöser der Kindesmisshandlungen

Da in diesem Abschnitt die Begrifflichkeiten der strukturellen Gewalt und der personalen Gewalt verwendet werden, sollen nun diese zu Beginn geklärt werden. Spricht man von einer *strukturellen Gewalt*, wird der Begriff der Gewalt in einem gesamtgesellschaftlichen Kontext betrachtet. Dabei liegt das Hauptaugenmerk auf sozialen Ungleichheiten wie sie in der Bildung vorkommen, ebenso wie im Besitz von Gütern, Produktionsmittel, Rechten oder Lebenschancen. Der Begriff der *personalen Gewalt* hingegen, stellt das individuelle Ausüben von Gewalt dar.[47]

Da die Erklärungsansätze Gils' zur Kinderschutzarbeit und deren Grundlagen einflussreich beigetragen und positiv darauf eingewirkt haben, sollen diese nun erörtert werden.

In Gils Erklärungsansätzen stellt dieser eine Verbindung zwischen den Ebenen der Mikro, Makro- und Mesosystemen, im Hinblick auf soziologische Bedingungen in eben diesen Bereichen dar. In diesen Überlegungen interpretiert Gil die personale Gewalt als eine Gegenwirkung des aufgebauten Frustrationspotenzials, welches auf Grund der strukturellen Gewalt ebenso wie durch eine Überlastung der Lebensbewältigung entsteht. Strukturelle Gewalt setzt Gil in diesem Kontext mit der „Organisation moderner kapitalistischer Gesellschaft"[48] gleich. Dabei übernimmt die Macht über Produktionsmittel diejenigen, die klein konzentriert auftreten, jedoch ein hohes Prestige in der Gesellschaft einnehmen.

Somit erfährt der Großteil der Bevölkerung eine Deprivation hinsichtlich sozialem Prestige, Bildungsangeboten und Besitz. Gil wirft auch einen Blick auf die Arbeitsverhältnisse innerhalb der Gesellschaft und beschreibt diese als „monoton, sinnentleert und entfremdet[.]" auf der Basis von „Rationalisierungs- und Automatisierungsmaßnahmen"[49] Dabei wirkt sich diese Art der sozialen Benachteiligung vor allem auf den Teil der Bevölkerung aus - welcher aus Gründen genau diesen Phänomens entsteht - der Unterschicht zugehörig ist und sich in Arbeitslosigkeit und Armut wieder findet. In diesem Verlauf erscheint es als spannend, dass diese Ausschließung oder Benachteiligung ebenfalls in der Mittel- und Oberschicht zum Vorschein tritt.

---

[47]Vgl. Engfer, Anette: Kindesmisshandlung, Ferdinand Enke Verlag, Stuttgart, 1986, S. 60
[48]Engfer, Anette: Kindesmisshandlung, Ferdinand Enke Verlag, Stuttgart, 1986,S. 60
[49]Engfer, Anette: Kindesmisshandlung, Ferdinand Enke Verlag, Stuttgart, 1986,S. 60

Hier finden sie Ausdruck in Formen von Konkurrenzkampf, Einsamkeit und Überforderung, was ebenfalls als wirksam und belastend anzunehmen ist.[50] Diese nun dargestellten Aspekte, welche als Grundlage eine kapitalistische Gesellschaftsform besitzen, gehen mit Lebenslagen einher, in welchen Möglichkeiten der Entfaltung und Entwicklung eingeschränkt sind, was für Erwachsene und Kinder gleichermaßen belastend und hinderlich ist. Im Folgeschluss wirkt sich dies in Frustration aus. Dieses angesammelte Frustrationspotenzial welches Belastungsfaktoren wie Armut, Schlechte Wohnverhältnisse, erhöhtes Krankheitsrisiko etc. impliziert, können dann nach Gil in der Nachfolge zu gewaltauslösenden Handlungen führen. Dass diese Gewalt dann vordergründlich in Familien ausgelebt wird, erscheint nicht gerade als verwunderlich, denn im familiären Rahmen bleibt die ausgeübte Gewalt verhältnismäßig sanktionslos.

Des Weiteren greift Gil den Gedanken auf, dass es Bedingungen der ideologischen und rechtlichen Art gibt, welche Kinder im Vergleich zu Erwachsenen stark herabsetzen und benennt dabei die Verfügungsgewalt von Eltern gegenüber ihren Kindern. Das Kind erscheint in Bezug darauf als Eigentum seiner Eltern, mit diesem man umgehen möge, wie es auch immer beliebt. Dabei gilt es das Wohl des Kindes vor gewaltbereiten Übergrifflichkeiten zu schützen, was jedoch unmöglich erscheint, solange züchtigungsartige Erziehungsmittel wie physische Strafen üblich sind.[51] Kinder werden zu Opfern personaler Gewalt, erläutert Gil. Diese Aussage führt er dahingehend aus, dass strukturelle Gewalt in Verbindung mit Lebensbelastungen der Eltern und das daraus resultierende Frustrationspotenzial direkt an die Kinder weitergegeben werden. Ebenso führt die hierarchische Struktur innerhalb des familiären Rahmens, also die ungleichen Zugänge zu Macht und Ressourcen, zu genau diesem Phänomen und erscheint als Ebenbild der strukturellen Gewalt in der Gesellschaft, was sich dann besonders negativ und ungeschützt auf das Kind niederschlägt. Das kapitalistische System ebenso wie die Verhältnisse der Machtunterschiede wird also in der Familie bereits ausgelebt, was zu einer Identitätsanpassung des Kindes an die Gesellschaft vorbereitet und somit sie „gesellschaftlichen Bedingungen struktureller und personaler Gewalt"[52] aufrechterhalten und weitergeführt werden.

Es lässt sich jedoch festhalten, dass Gils Erklärungsansätze zur Kindesmisshandlung

---

[50] Vgl. ebd.
[51] Vgl. Engfer, Anette: Kindesmisshandlung, Ferdinand Enke Verlag, Stuttgart, 1986, S. 61
[52] Engfer, Anette: Kindesmisshandlung, Ferdinand Enke Verlag, Stuttgart, 1986, S. 61

im Hinblick auf strukturelle Gewalt nicht vollständig empirisch belegbar sind und trotz der eben beschriebenen Plausibilität dieser Thematik einige Fragen offen bleiben. Diese sollen nun kurz aufgegriffen werden, um die Komplexität in dieser Problematik nochmals darzustellen.

Gil beschreibt als Folge von Armut und weniger Prestige eine Verknüpfung mit Frustration, welche sich dann wiederum in Aggressionen und Gewalt niederschlägt. Allerdings weisen empirische Forschungen auf, dass der Ausdruck extremer Armut mehr zu psychosomatischen Erkrankungen, Resignation und Depressionen führen, als zu Gewaltanwendungen. Ebenfalls gibt es keinen Nachweis darüber, dass Arbeitsbedingungen wie oben beschrieben, als Quelle der Frustration und in Form von Gewalt innerhalb der Familie oder in der Eltern-Kind-Beziehungen zum Ausdruck kommen. Auch Engfer untersuchte diesen Aspekt der väterlichen Frustration nach Arbeitsende und bezog dies mehr auf innerfamiliäre vor weggehenden Problematiken als mit den Bedingungen am Arbeitsplatz.[53]

Eine der wichtigsten Fragen jedoch scheint diese zu sein, warum all diese sozialen Ungleichheiten und die daraus entstehenden Frustrationsmerkmale, ungleiche Machtverteilungen, differente Zugänge zu Ressourcen sich laut Gil in Gewalt auf die Familie niederschlagen. Sollte man nicht eigentlich erwarten, dass durch diese Unzufriedenheit und Frustration eine Revolution erzeugt werden sollte, die eben genau diese bestehenden Herrschaftsstrukturen niederschlägt? Anstelle dies in der Familie auszuleben, nur weil sie einen geschützten und weniger sanktionierten Rahmen bildet? Der Ursprung kollektiver Not, Ärger oder Unterdrückung liegt schließlich am Staatssystem und nicht innerhalb der Familie. Daraufhin sollte man eigentlich einen sozialen Protest genau gegen diesen Ursprung erwarten, was jedoch nach Gil sich ausschließlich in der Familie manifestiert und in Form von Gewalt zum Ausdruck kommt.[54] Zusammenfassend lässt sich demnach schlussfolgern, dass die Erklärungsansätze Gils zwar durchaus fassbar und begreiflich sind, jedoch empirische Befunde in manchen Aspekten fehlen, was jedoch wiederum auf die Komplexität und die multifaktoriellen Bedingungen des Menschseins sich erschließt.

---

[53]Vgl. Engfer, Anette: Kindesmisshandlung, Ferdinand Enke Verlag, Stuttgart, 1986, S. 62
[54]Vgl. ebd.

Jedoch ist festzuhalten, dass Gils Überlegungen elementar dazu beigetragen haben, die Auswirkungen der Gesellschaft im Hinblick auf familiäre Gewalt zu schärfen. Ebenso wie die Begünstigungen durch makrosoziologische Verhältnissen, welche Gewalt an Kindern zulässt oder dagegen vorgeht.[55]

5.2 Lebensbelastungen und Stressoren in Familien

Auch in diesem Abschnitt wird Gewalt in Familien in einem gesamtgesellschaftlichen Kontext betrachtet und als Problematik der Gesellschaft angesehen. Dabei definiert sich Gewalt in Familien als Gegenstand des normativen und alltäglichen Zusammenlebens und lässt sich in vielen Kreisen der Kulturen wiederfinden.

Dabei fallen in die Rubrik der auslösenden Faktoren von Gewalt in Familien differente Stressoren, welche mit Wirkung von Außen auf einzelne Familienmitglieder einwirken. Bei diesen Stressoren handelt es sich um „berufliche Belastungen, Arbeitslosigkeit, Wohnungsverlust, Alkohol- und Drogenmissbrauch, psychische Probleme und Vorerfahrungen mit gewalttätigen Erziehungsmethoden"[56]. Diese im Kontext der Gesellschaft stehenden Faktoren können individuell betrachtet das Ausmaß an Gewaltbereitschaft in einem familiären Rahmen begünstigen, ansteigen und Auslöser dafür sein. Somit zählen kritische Lebensereignisse in ihrer vielfältigen und individuellen Weise zu den Auslösern von Gewalt in Familien und verbindet sich somit zu einer Implikation von scheinbar unbedeutenden Alltagsbegebenheiten bis hin zu schwerwiegenden Miseren.[57]

Dies bedeutet also, dass die Umwelteinflüsse, welche auf eine Person einwirken, Krisen auslösen können. Durch die Einflüsse ist die Person gezwungen, darauf einzuwirken und auf welche Art und Weise auch immer, dieser entgegenzusteuern. Auch in den Erklärungsansätzen nach Filipps stellen vordergründig kritische Lebensereignisse eine sich nicht im Gleichgewicht befindende Balance zwischen Mensch und Umwelt dar, was im weiteren Verlauf zu einer erneuten Anpassung zwischen der Person und seiner umliegenden Umwelt führen muss. Die damit verbundenen extremen Gefühle dieses Ungleichgewichts ausgehend von der Person kann sich in gewalttätige Reaktionen auswirken. Dabei gilt es, bereits gemachte Krisenerfahrungen zu identifizieren und Bewältigungsmuster aufzuführen, um mit

---

[55]Vgl. ebd..
[56]Mertens, Birgit; Pankofer ‚Sabine: Kindesmisshandlung, Ferdiand Schöning, Paderborn, 2011, S.68
[57]Vgl. Mertens, Birgit; Pankofer ‚Sabine: Kindesmisshandlung, Ferdiand Schöning, Paderborn, 2011, S.68f.

Coping-Strategien nicht in gewaltbereite Handlungen zu gelangen. Entscheidend hierbei ist vor allem das Selbstwertgefühl, ebenso wie bereits vorhandene soziale Ressourcen und den Blick auf das Krisenereignis, welches entweder als Herausforderung oder als Zwangslage angesehen werden kann.[58]

5.3 Erklärungsansatz nach Heitmeyer – Gewalt als Folge von Desintegration

Heitmeyer spricht in seiner Theorie der sozialen Desintegration von Individualisierungsprozesse, welche in Folge zu Desintegrationsformen führen können. Hierbei sieht er die moderne pluralistische Gesellschaft als Basis für Desintegration an. Individualisierung besitzt in der heutigen modernen Gesellschaft einen sehr hohen Stellenwert. Der Mensch möchte frei sein, individuell leben können und somit Gestalter seines eigenen, selbstbestimmten Lebens werden. Dies scheint das Ziel zu sein: eine eigene Biographie, welche sich von anderen abhebt und völlig individuell auf den Einzelnen abgestimmt ist. Die pluralistische Gesellschaft bietet für eben diese Individualisierungsprozesse eine geeignete Basis, da sie unzählige Entscheidungsspielräume offen darlegt. Angefangen von differenten Lebensstilen, welche in der heutigen Gesellschaft in vielfältiger Art und Weise auffindbar sind, bis hin zu kaum überschaubaren Konsumgütern und einer ebenso reichen Bandbreite an Berufszweigen. Den Möglichkeiten der Individualisierung des Einzelnen sind demnach keine Grenzen gesetzt – ganz im Gegenteil: durch die Pluralisierung entsteht ein großer Entfaltungsspielraum für die eigene Persönlichkeit.[59]

Nach Heitmeyer folgt jedoch auf Grund des immer größeren Entfaltungsspielraumes auch Entscheidungsdruck. Diese eintretende Ambivalenz von einer modernen, pluralistischen Gesellschaft ausgehend, kann dann dazu führen, dass Desintegrationsformen eintreten, welche von Verunsicherungen geprägt sind. Verunsicherungen können dann entweder konstruktiv gelöst werden oder aber in Gewalt enden.[60]

---

[58]Vgl. ebd.
[59]Vgl. http://www.ploecher.de/2011/12-PA-L1-11/Heitmeyer-etc.pdf (03.02.2016)
[60]Vgl. http://www.uni-bielefeld.de/Universitaet/Einrichtungen/Pressestelle/dokumente/BI_research/30_2007/Seiten%20aus%20Forschungsmagazin_1_07_55_58.pdf (03.02.2016)

6. Prävention und Intervention

„Mit dem Problemfeld sexueller Missbrauch an Kindern und Jugendlichen sind in Deutschland Mitarbeiter aus ganz unterschiedlichen Institutionen befasst. Es handelt sich dabei um Beratungseinrichtungen wie z.b. Erziehungsberatungsstellen in staatlicher und freier Trägerschaft, spezifische Beratungsstellen mit feministischem, familienorientiertem (..) Ansatz und psychotherapeutische bzw. Arztpraxen."[61] Mit einem ganz anderen Auftrag befasst sich die Strafjustiz mit zum Teil denselben Kindern. Die gesellschaftlichen Einrichtungen, Institutionen und Organe der sozialen Arbeit arbeiten immer vernetzter und kindeswohlorientierter.[62]

Nicht nur für Kinder und Jugendliche gibt es vom Staat installierte Maßnahmen -in Form von Einrichtungen oder Dienstleistungen- sondern auch für Frauen. Der ASD kann Frauen, welche Gewalt in der Familie erlebt haben oder Angst haben sich auf dem Weg dorthin zu befinden, beraten oder gegebenenfalls zu andern professionellen Praktikern weitervermittelten und ihnen somit die Best mögliche Beratung sicherzustellen. Institutionen für Frauen mit Gewalterfahrung in den eigenen vier Wänden geben ihnen die Möglichkeit anonym vor ihrem Mann in einem gesicherten Umfeld zu leben. Damit Frauen aus Schutzgründen nicht eine Einrichtung wie z.B. das Frauenhaus aufzusuchen müssen, wurde im Jahre 2001 die Maßnahme des Platzverweises für die gewalttätige Person installiert. Es gibt die Möglichkeit Gewalt bereits im Vorfeld zu unterbinden oder nach der Gewalttat Opfer und Tät zu betreuen und eine erneute Eskalation zu verhindern. Diese und weitere Präventions- und Interventionsmaßnahmen werden im Folgenden geschildert.

6.1 Prävention

Präventive Maßnahmen und Angebote beschäftigen sich mit der Aufklärung des Problemkomplexes und der Vermittlung von Handlungsstrategien und Handlungskompetenzen, wie sich Betroffene wehren und Hilfe organisieren können. Langfristiges Ziel hiervon ist es auf die bestehenden Strukturen hinzuweisen und Veränderungen zu erwirken. Präventionsmaßnahmen sind an alle betroffenen gerichtet, Kinder und Jugendliche, Ehepaare, Frauen in Not und auch professionellen

---

[61] Fegert, Jörg M. (Hrsg.): Begutachtung sexuell missbrauchter Kinder Hermann Leuterhand Verlag, Neuwied 2001, S 87

[62] Vgl. Fegert, Jörg M. (Hrsg.): Begutachtung sexuell missbrauchter Kinder Hermann Leuterhand Verlag, Neuwied 2001, S 173

Helfern *bevor* eine Gewalttat stattgefunden hat. Beispiele für Präventionsarbeit sind Informationsveranstaltungen, Herausgabe von Öffentlichkeitsarbeiten und Fachliteratur Medienberichte, Tagungen, Projekte in Schulen und Bereichen offener Jungendarbeit. Offensive sexualpädagogische Angebote können die Maßnahme ergänzen d.h. Förderung eines positiven und offenen Umgangs mit der eigenen Sexualität, verbunden mit der Thematisierung von sexueller Gewalt, soll bestehende Geschlechterrollen hinterfragen und die eigene Geschlechteridentitäten bei der Entwicklung unterstützen. Im Folgenden werden auf vier Punkte genauer eingegangen.[63]

6.1.1 Täterbezogener Ansatz

Die Gewaltakte innerhalb vieler gewalttätiger Beziehungen werden dadurch beendet, dass die misshandelte Person -körperlich, psychisch, seelisch, sexuell- diese verlässt. Die gewalttätige Person geht häufig eine neue Beziehung ein, welche in gleicher Weise gewalttätig strukturiert sein kann. Die Problematik häuslicher Gewalt wird damit an einen anderen Ort verlagert, dass Problem bleibt bestehen. Aus diesem Grund muss der Täter ebenso wie das Opfer betreut werden. Eine gesetzliche Grundlage reicht dabei nicht aus, da der Täter sich mit seiner Tat auseinandersetzten und etwas an seinem Verhalten ändern *wollen* muss. Präventiv wirkt dieser Ansatz in Bezug auf die künftige Beziehung der Gewaltausübenden Person. Setzt er sich mit der Tat auseinander und erkennt sein Fehlverhalten an, ist die Chance das in der neuen Beziehung keine Gewaltaktivität vorhanden ist um ein vielfaches höher.[64]

6.1.2 Öffentlichkeitsarbeit

Die Öffentlichkeitsarbeit muss zwei Zielrichtungen verfolgen. Einerseits muss die öffentliche Meinung gegenüber häuslicher Gewalt sensibilisiert werden, andererseits muss sich die Öffentlichkeitsarbeit auch an potentielle Opfer der Gewalt richten. Wissen Opfer über die Meinung der Öffentlichkeit und die Gesetze Bescheid und wo sie sich im Ernstfall Hilfe einholen können wird der Gewalt Ehen entgegengewirkt. Kinder welche noch nicht in dem Maße für ihre Rechte einstehen können wie Erwachsene profitieren dennoch von der Öffentlichkeitsarbeit.

---

[63] Fegert, Jörg M. (Hrsg.): Begutachtung sexuell missbrauchter Kinder Hermann Leuterhand Verlag, Neuwied 2001, S 87
[64] Vgl. Feltes, Thomas(Hrsg.): Gewalt in der Familie – ein polizeiliches Problem? Fachhochschule Villingen-Schwenningen, Hochschule für Polizei 1997, S 82f

Nachbarn können sensibilisiert sein, falls Kleinkinder öfter als gewöhnlich weinen oder Schulkinder merkwürdige Verletzungen aufweisen.[65]

6.1.3 Frühe Hilfen

Frühe Hilfen sind niedrigschwellige Angebote an alle (werdende) Familien und ihre Kinder. Sie tragen zur Unterstützung und Entlastung im Alltagbei, fördern Beziehungs- und Erziehungskompetenzen und reduzieren Risiken für das Wohl und die Entwicklung von Kindern. Ziel diese Bundesinitiative ist es flächendeckend Familien nach ihrem jeweiligen Bedarf, falls vorhanden, zu unterstützen. Ein weiteres Ziel ist es frühzeitig und nachhaltig die Entwicklung von Kindern in ihren Familien zu verbessern. Um das zu verwirklichen besuchen Fachkräfte Familien mit Kleinkindern oder Säugling und werdende Eltern welche an einer Anlaufstelle um einen Termin gebeten haben. Diese vermitteln der Familie, falls Bedarf besteht, geeignete Angebote. Diese Bundesinitiative welche es seit 2012 im Sozialraum agiert, sorgt insofern präventiv der Kindesmisshandlung entgegen, dass Eltern über Hilfen aufgeklärt und weitervermittelt werden. Die Hilfe kann in prekäre Situationen in Anspruch genommen werden. Damit ist nicht sichergestellt das die Eltern dies auch tun, jedoch ist die erste Hürde für die Eltern genommen.

6.1.4 Jugendhilfe im präventiven Kontext

Gewalt an Kindern ist kein Problem, welches ausschließlich individuell bedingt ist, sondern in gesamtgesellschaftlichen Kontext gesehen werden muss. Es ist ein Problem, dass die gesamte Gesellschaft angeht. Da Jugendhilfe im gesellschaftlichen Auftrag handelt, steht diese in der Verantwortung die Verwirklichung des Rechts von Kindern und Jugendlichen zu fördern. Erreicht werden kann dies durch die Vermeidung und den Abbau von Benachteiligungen sowie Hilfe und Schutz in Krisensituationen. Um diesen Ansprüchen gerecht zu werden, bietet sie ein umfassendes Angebot in dem zwischen Leistungen und hoheitlichen Aufgaben differenziert wird. Die hoheitlichen Aufgaben sind nicht präventiv, sondern interventiv und werden in dem nächsten Themenblock behandelt. Leistungen sind zu unterscheiden in Angebote zur Förderung der Erziehung und Bildung junger Menschen, Beratungs- und Unterstützungsangebote und Hilfen zur Erziehung.[66]

---

[65] Feltes, Thomas(Hrsg.): Gewalt in der Familie – ein polizeiliches Problem? Fachhochschule Villingen-Schwenningen, Hochschule für Polizei 1997, S 78
[66] Vgl. Luise, Hartwig; Gregor, Hensen: Sexueller Missbrauch und Jugendhilfe. Juventa Verlag, Weinheim und München 2003, S 46f

Das Jugendamt bietet „Hilfen zu Erziehung" nach §27ff SGB VIII an. Diese Hilfen sind familienbezogene Leistungen zur Förderung des Kindes und nicht zuletzt zur Vorbeugung Gewalt jeglicher Art gegen das Kind. Die Sozialpädagogische Familienhilfe soll nach §31 SGB VIII durch intensive Betreuung und Begleitung Familien in ihren Erziehungsaufgaben, bei der Bewältigung von Alltagsproblemen, der Lösung von Konflikten und vielem mehr unterstützen und die Klienten bei der Hilfe zur Selbsthilfe anleiten. Erfüllt die SPFH ihren Auftrag trägt dieser sekundäre zur Vorbeugung von Gewalt in Familien bei, da den Eltern durch Professionelle weitere Lösungsstrategien aufgezeigt werden.[67]

Nicht nur im SGB VIII ist gesetzlich festgehalten das Gewalt jeglicher Art nicht gegen Kinder ausgeübt werden darf. Im Grundgesetz wird im Artikel 6 Abs. 1 festgehalten das die Ehe unter besonderem Schutz der staatlichen Ordnung steht. Personen, welche in der Ehe Gewalttätig werden verstoßen gegen ein Gesetz und können strafrechtlich in Form einer Anzeige belangt werden.

6.1.5 Erziehungsberatungsstellen

Erziehungsberatungsstellen sind in den meisten deutschen Städten Anlaufstelle für Eltern, werdende Eltern, aber auch für Kinder und Jugendlichen. Diese Einrichtungen bieten Hilfen, Beratungen und zum Teil auf Therapien bei unterschiedlichsten familiären Problemen an. Sie sind Kooperationspartner von Jugendämtern und somit Teil der kommunalen Kinder-, Jungend- und Familienhilfe. Diese Beratungsstellen sind somit nicht nur Ansprechpartner für hilfesuchende Familienmitglieder, sondern auch für Fachkräfte z.B. aus Kindergärten, Schulen und Jugendhilfeeinrichtungen. Hilfen und Unterstützung werden geleistet für und durch:

- Familien in Trennungs- und Scheidungssituationen in denen es erfahrungsgemäß häufig zu massiven Konflikten und/oder Gewaltausbrüchen kommt
- Hilfe in Erziehungsfragen, insbesondere im Umgang mit Kindern die von ihren Eltern als „schwierig" beschrieben werden; denn eine Überforderungssituation kann zu gewalttätigen Kurzschlussreaktionen führen

---

[67] Vgl. Luise, Hartwig; Gregor, Hensen: Sexueller Missbrauch und Jugendhilfe. Juventa Verlag, Weinheim und München 2003, S 65ff

Darüber hinaus gibt es zahlreiche spezifische Beratungseinrichtungen für bestimmte Zielgruppen wie z.B. Kinder, Mädchen und Frauen als Opfer von häuslicher Gewalt oder betroffene Personen von sexueller Gewalt.[68]

6.2 Intervention

6.2.1 Die Exekutive

Der Polizei kommt bei der Reaktion auf häusliche Gewalt mehrere besondere Bedeutungen zu:

- Sie ist die einzige staatliche Institution, welche rund um die Uhr erreichbar ist und flächendeckend arbeitet

- Die Polizei ist oft die erste Instanz die bei Auseinandersetzungen zur Hilfe gerufen wird; erstkontakt zu den Tätern und Opfern

- Sie arbeitet sowohl präventiv zur Abwehr von Gefahren für die öffentliche Sicherheit und Ordnung und auf interventiver Basis zur Beseitigung bereits eingetretener Störungen als auch repressiv zur Verfolgung von Straftaten und Ordnungswidrigkeiten

- Ihr Handeln, ihre Vorgehensweise und ihrer Ergebnisse sind entscheidende Voraussetzungen für die Tätigkeit anderer Institutionen

Bis Mitte der 90er Jahre stand die Polizei unter harter Kritik, da sie nach Auffassung von Vertretern des Frauenunterstützungsbereiches die staatliche Verantwortung nicht wahrnahmen und die Initiative für eine gewaltfreie Situation allein den Gewaltopfern überließen.[69] Anfang des 21ten Jahrhunderts wurde die Polizei in Kooperationsgremien und Fachtagungen gelobt und als Motor für schützende Interventionen deklariert. Die Veränderung innerhalb der Polizei in ihrer Haltung zu häuslicher Gewalt sind auch deshalb so hervorzuheben, weil sie in weit kürzerer Zeit vonstattenging, als solche Veränderungsprozesse in großen Organisationen üblicherweise benötigen. Die Gründe für die nachhaltigen Veränderungsprozesse sind vielfältig. Einen positiven Beitrag haben sowohl die zunehmende Zufriedenheit vieler Polizeibeamten und -beamtinnen mit Einsätzen häuslicher Gewalt als auch die Forderungen von

---

[68] Vgl. Kury, Helmut; Obergfell-Fuchs, Joachim (Hrsg.): Gewalt in Familien, Lambertus Verlag, Freiburg im Breisgau, 2005, S 72ff
[69] Vgl. Kury, Helmut; Obergfell-Fuchs, Joachim (Hrsg.): Gewalt in Familien, Lambertus Verlag, Freiburg im Breisgau, 2005. S. 21

Frauenunterstützungseinrichtungen nach konsequenter Sanktionierung privater Gewalt sowie die Gründung von Interventionsprojekten aus. Ein entscheidender Beitrag hat das Instrument des „Platzverweises" dazu beigetragen. Abschließend ist zur allgemeinen Polizeiarbeit im Hinblick auf Gewalt in Familien zu sagen das sie nicht zuletzt aufgrund ihrer eigenen Haltung und der Möglichkeit des Platzverweises einen nachhaltigen Imagewandel durchschritten hat.[70]

6.2.2 Der Platzverweis

Das 2001 geschaffene Gewaltschutzgesetz sieht die Möglichkeit vor, dass der schlagende Partner von der Polizei über den Platzverweis der gemeinsamen Wohnung verwiesen werden kann. Eine möglicherweise schon lange anhaltende gewalttätige Partnerschaft soll damit abgebrochen werden, dass Gewaltopfer die Möglichkeit erhalten, sein Leben neu zu organisieren und der Täter soll zur Verantwortung gezogen werden. Dem geschlagenen oder verletzten Partner soll es ermöglicht werden, für eine begrenzte Zeit ohne den schlagenden Partner in der gemeinsamen Wohnung weiter leben zu können. Das Instrument des Platzverweises kann bei Wiederstand Gewalt seitens der Polizei durchgesetzt werden. Der Platzverweis ist ein sehr dynamisches Element bei häuslicher Gewalt und steht im Zentrum der staatlichen Interventionspraxis und der öffentlichen Aufmerksamkeit. Die Möglichkeit des Platzverweises soll nicht mit den Frauenhäusern im Wettbewerb stehe, sondern den Frauen, falls diese Opfer der Gewalt sind, die Chance geben in ihrem Umfeld und sozialen Netzwerken weiter agieren zu können. Meist geht mit dem Platzverweis ein Mindestabstand von 100 Metern einher.[71] Für eine Mutter mit einem Kind ist es oft nicht einfach ein Frauenhaus aufzusuchen, da für ihr Kind eine neue Schule gefunden werden muss und der vorhandene Freundeskreis des Kindes für unbestimmte Zeit sehr eingeschränkt ist. Das Wohl vorhandener Kinder ist bei dem Platzverweis ein entscheidendes Kriterium. Sie verlieren nicht ihre sozialen Anbindungen in der Schule oder ihre Peer-Group. Für die Person, die Gewalt ausübt, bedeutet der Platzverweis eine ereignisnahe Sanktion; der Zusammenhang ist mit der vorrausgegangenen Tat ist ersichtlich. Bei einem Strafverfahren kann eine Sanktion mehrere Monate auf sich warten lassen und ist somit nicht ereignisnah. Der Platzverweis birgt auch einen täterbezogenen Ansatz. Dieser hat die Möglichkeit sein beabsichtigtes Verhalten zu

---

[70] Vgl. Kury, Helmut; Obergfell-Fuchs, Joachim (Hrsg.): Gewalt in Familien, Lambertus Verlag, Freiburg im Breisgau, 2005, S. 121
[71] Vgl. Kury, Helmut; Obergfell-Fuchs, Joachim (Hrsg.): Gewalt in Familien, Lambertus Verlag, Freiburg im Breisgau, 2005, S. 121f

überdenken und Stellung zu seiner Tat zu nehmen. Die Befristung der Anordnung kann auslaufen oder bei entsprechender Uneinsichtigkeit verlängert werden.

6.2.3 Jugendhilfe im interventiven Kontext

Die hoheitlichen Aufgaben werden nach den gesellschaftlichen und staatlichen Verpflichtungen wahrgenommen und beinhalten die Pflegschaft und Vormundschaft, Mitwirken in gerichtlichen Verfahren und ordnungsrechtlichen Aufgabe. Der Bund, die Länder und die Kommunen haben den gesetzlichen Schutzauftrag nach Artikel 6 Abs. 2 des Grundgesetztes zur Abwendungen von Gefahren für das Kindeswohl sorgezutragen. Fälle von Kindeswohlgefährdung sind komplex und werden als schwierig klassifiziert. Alle am Hilfeprozess beteiligten Personen benötigen eine gemeinsame Haltung zum Schutz von Kindern und Jugendlichen. Die bekannteste Interventionsmaßnahme bei dem Kinder- und Jugendschutz ist die Inobhutnahme nach § 42 SGB VIII bei vorhandene Kindeswohlgefährdung nach § 8a SGB VIII. Kinder werden mit oder ohne dem Einverständnis der Eltern aus diesem Setting entfernt und kommen in einer Inobhutnahmestelle unter. Während des Zeitraumes der Unterbringung wird mit den Eltern das weitere Vorgehen eruierte. Weiteres Vorgehensmöglichkeiten kann die Rückführung des Kindes sein unter gewissen auflagen sowie Kontrollen in regelmäßigen Abständen, als auch die Fremdunterbringung des Kindes in einem Kinderheim, einer Pflegefamilie oder einem anderen passenden Setting.[72]

7. Folgen der Kindesmisshandlung

Seit 1990 werden Auswirkungen von misshandelten Kindern in Deutschland empirisch untersucht und erforscht.[73] Dabei zeigen Längsschnittstudien folgende Folgeprobleme bei Kinder und Jugendlichen welche einer Misshandlung ausgesetzt wurden auf:

---

[72] Vgl. Fegert, Jörg M. (Hrsg.): Begutachtung sexuell missbrauchter Kinder Hermann Leuterhand Verlag, Neuwied 2001, S 47f

[73] Vgl. Frank, Reiner: Habilitationsschrift „Kinderärztliche Untersuchungen an misshandelten und vernachlässigten Kindern und deren Familien" (1995)

7.1 Körperliche Folgen

Trotz der Auffälligkeiten von Verletzungen misshandelter Kinder macht es oft den Anschein, dass man diese gar nicht in Augenschein nimmt. Sie werden ganz oft einfach nicht wahrgenommen, Kinder verletzen sich sowieso des Öfteren durch schnelles Hinstürzen oder im Verlaufe eines gemeinsames Spielens draußen im Garten. Allerdings gilt die Aufmerksamkeit an dieser Stelle auf Wunden zu richten, welche sich an Körperstellen aufzeigen, die bei spielerischen Stürzen so nicht auftreten können. Fallen einem derartige Verletzungen auf, ebenso wie Griffmarken oder Bisswunden etc., muss dem Verdacht nachgegangen werden, ob es sich in diesem Fall um eine Misshandlung handelt. Des Weiteren fallen in diese Rubrik einige psychosomatischen Anzeichen, welche häufig durch physische Kennzeichen zum Ausdruck kommen. Beispiele wären hierbei Schlaf- und Essstörungen, Bettnässen und Einkoten.[74]

7.2 Psychosoziale und psychische Folgen

Die Auswirkungen psychosozialer und psychischer Art von körperlicher Gewalt wirken sich sehr auf die Lebensgestaltung sowie die Gefühlswelt der Betroffenen aus. Dabei gilt zu erwähnen, dass Symptome von Misshandlungen in einigen Fällen erst viel später zum Vorschein kommen und somit oftmals nicht augenscheinlich einer Misshandlung zugewiesen werden. Überdies konnte man durch die Salutogenese festhalten, dass Menschen ganz unterschiedlich auf verschiedene Erlebnisse reagieren und einen individuellen Umgang damit pflegen, so dass es kein psychosoziales Ablaufschema an Folgen einer Misshandlung gibt. Vielmehr ist diese Thematik so tiefgreifend und komplex, dass die Verhaltensweisen nach einer erlebten Misshandlung ebenfalls eine solche Komplexität aufzeigen. So kann es zu einem überwiegend unauffälligem Verhalten kommen, auf Grund der besonderen Stärke eines Menschen oder ausgeprägten Bewältigungsstrategien – trotz zurückliegender Gewalterfahrungen. Sogenannte Widerstandsressourcen helfen dabei, ein Kohärenzgefühl zu entwickeln, was dann im Folgeschluss zu einem gesunden Umgang der erfahrenen Gewalt führt.[75]
Trotz beachtlicher Bewältigungsstrategien gibt es mannigfaltige problematische Entstehungen auf Grund erfahrenden Gewaltanwendungen und Misshandlungen.
Diese Anzeichen von vernachlässigten und misshandelten Kinder werden im

---

[74]Mertens, Birgit; Pankofer ‚Sabine: Kindesmisshandlung, Ferdiand Schöning, Paderborn, 2011, S.36f.
[75]Vgl. Mertens, Birgit; Pankofer ‚Sabine: Kindesmisshandlung, Ferdiand Schöning, Paderborn, 2011, S.37ff

Folgenden anhand der Systematik von Mertens und Pankofer beschrieben und kurz erläutert.

- *Ein schwaches Selbstwertgefühl*

Der Gedanke, nichts wert zu sein kommt bei misshandelten Kindern oft vor. Durch die erfahrene Ablehnung seitens der Eltern und Gewaltausbrüchen gegen das Kind entwickeln diese zunehmend die Eigenschaft, kein Vertrauen in ihr eigenes Handeln zu legen.

- *Distanzlosigkeit und große Lebhaftigkeit*

Dieses Verhalten der Extrovertiertheit weist eine Ablenklenkung des Kindes vom Fehlverhalten der Eltern auf.

- *Perfektionismus*

Hierbei spricht man von einem Verhalten, welches übermäßig angepasst scheint, da Kinder, welche einer Misshandlung ausgesetzt waren, Fehlverhalten vermeiden wollen, da sie diese sonst selbst zu spüren bekommen.

- *Erhöhte Wachsamkeit*

Das Kind versucht, alles um sich herum zu beobachten - vor allem seine Mitmenschen – und zeigt häufig ein schreckhaftes Verhalten.

- *Rückzugtendenzen*

es werden hierbei soziale Kontakte gemieden, da die von ihnen ausgehenden Reaktionen nicht eingeschätzt werden kann. Dabei ist bei Kleinkindern ein Gesichtsausdruck zu beobachten, welcher von Traurigkeit und Passivität durchzogen ist.

- *Mangelnde Fähigkeit bei der Empfindung von Freude*

Dieses Verhalten ist geprägt durch allgemeine Niedergeschlagenheit[76]

---

[76]Vgl. ebd.

30

- *Lern- und Leistungsschwierigkeiten*

Hierbei wird von einer Beeinträchtigung der kognitiven Entwicklung gesprochen, was vordergründlich an der Tatsache liegt, dass Eltern den kognitiven Bedürfnissen ihres Kindes wie vorlesen, vorsingen und vorsprechen etc. nicht nachgehen.

- *Verhaltensauffälligkeiten und -störungen*

Da Kinder bei den Übergrifflichkeiten der Eltern vor allem Gefühle wie Wut, Ärger oder Angst entwickeln, kommt es nicht selten zu diagnostizierten Verhalhaltensauffälligkeiten wie eine erhöhte Aggressions- und Gewaltbereitschaft ebenso wie einer Schwäche zur Kontaktaufnahme.[77]

8. Schlusswort und Fazit

Diese Ausarbeitung soll Studierende der Sozialen Arbeit dafür sensibilisieren vermehrt auf Anzeichen von Gewalt in Familien zu achten. Geschlechterunabhängig soll den Klienten, vor allem bezüglich der Gewalt in Familien, gegenübergetreten werden. Die Dunkelziffer ist unbekannt und dadurch das gesamte Ausmaß der Problematik nicht absolut zu erfassen.

Gewalt in der Familie ist nicht erst in den letzten Jahren oder im vergangenen Jahrhundert entstanden. Es gibt keine empirischen Studien darüber wie das Gewaltverhalten in Familien vor 200 oder 500 Jahren war. Erst durch die Enttabuisierung, welche in den USA begann, haben sich viele Bereiche des öffentlichen wie auch des privaten Lebens verändert. In den 1970 Jahren wurde in den USA aufwendig Untersuchungen zu dem Thema „Gewalt in Familien" begonnen.[78]

Um dies noch einmal am Ende dieser Seminararbeit deutlich herauszustellen zitiere ich aus Anke Habermehls Buch, „Gewalt in der Familie", welches sie im Jahre 1989 verfasst hat: „Nur jeder Dritte zwischen 15 und 59 hat noch nie Gewalt durch einen Partner erlebt. Vier von zehn Männern und Frauen sind schon von einem Partner mißhandelt worden, die meisten von ihnen mehr als einmal. Jeder dritte Mann und jede vierte Frau lebt mit einem Partner zusammen, der ihn schon einmal mißhandelt hat."[79]

Die Gewalt in der Partnerschaft wurde vor rund 30 Jahren in Deutschland zu einer

---

[77]Vgl. Mertens, Birgit; Pankofer, Sabine: Kindesmisshandlung, Ferdiand Schöning, Paderborn, 2011, S.39ff.

[78] Vgl. Anke Habermehl; Gewalt in der Familie. Gewis, Hamburg 1989, S 9

[79] Anke Habermehl; Gewalt in der Familie. Gewis, Hamburg 1989, S 195

öffentlich angeprangerten Debatte. Seit diesem Zeitpunkt der Bekanntwerdung hat sich an dem Zustand der Gewalt in Familien wenig getan. Es gibt neue Gesetze, welche interventiv Kinder und Frauen, aber auch Männer vor Gewalt in der Familie schützen, die Zahlen zeigen dennoch auf, das sich in den letzten 25 Jahren wenig verändert hat. Um das Auftreten dieser Gewalt, sei es psychisch, körperlich oder seelisch, vorzubeugen wurden viele Präventionsmaßnahmen und Projekte ins Leben gerufen. Ob all diese Maßnahmen keine Veränderung bewirkt haben oder ob die Gewalt in Familien noch weitaus schlimmer aussehen würde, wenn es keine Präventions- und Interventionsmaßnahmen geben würde ist nicht abzusehen. Gewalt in Familien ist in der Sozialen Arbeit zwar nicht Allgegenwertig, dennoch für viele Bereiche, v.a. in der Jugendhilfe, in Therapien und im Jugendamt, mit eines der Hauptproblempunkte. Für unseren Studienschwerpunkt Kinder-, Jungend- und Familienhilfe ist das Thema Gewalt in der Familie von besonderer Wichtigkeit. Die meisten Klienten in unserem Studienschwerpunkt -seien es Kinder oder Erwachsene- sind unmittelbar von Gewalt in Familien betroffen. Nicht wenige davon fallen unter den Bereich des Dunkelfeldes, da sie sich niemandem anvertrauen. Nicht nur die Soziale Arbeit kämpft als Profession gegen dieses Problem an, sondern auch viele andere Professionen. Ein unausgesprochenes und dennoch gemeinsames Ziel heiß: Keine Gewalt mehr in den Familien.

Literaturverzeichnis

Dutton, Mary Ann: Gewalt gegen Frauen. Hans Huber Verlag, Bern 2002

Engfer, Anette: Kindesmisshandlung, Ferdinand Enke Verlag, Stuttgart, 1986

Fegert, Jörg M. (Hrsg.): Begutachtung sexuell missbrauchter Kinder Hermann Leuterhand Verlag, Neuwied 2001

Feltes, Thomas(Hrsg.): Gewalt in der Familie – ein polizeiliches Problem? Fachhochschule Villingen-Schwenningen, Hochschule für Polizei 1997

Habermehr, Anke: Gewalt in der Familie. Gewis, Hamburg 1989

Kohl, Helmut; Landau Herbert (Hrsg.): Gewalt in sozialen Nahbeziehungen – Frankfurter Tage der Rechtspolitik 2000, Hermann Luchterhand Verlag, 2001

Kury, Helmut; Obergfell-Fuchs, Joachim (Hrsg.): Gewalt in Familien, Lambertus Verlag, Freiburg im Breisgau, 2005

Luise, Hartwig; Gregor, Hensen: Sexueller Missbrauch und Jugendhilfe. Juventa Verlag, Weinheim und München 2003

Mertens, Birgit; Pankofer, Sabine: Kindesmisshandlung, Ferdiand Schöning, Paderborn, 2011

Tsokos Michael, Guddat Saskia: Deutschland misshandelt seine Kinder, Droemer Verlag, 2014

Hinzugezogene Internetquellen

Psychische Gewalt ist häusliche Gewalt, die im Verborgenen stattfindet.
https://www.re-empowerment.de/haeusliche-gewalt/gewaltformen/psychische-gewalt-und-emotionale-misshandlung/ (18.01.2016)

Leseprobe aus: Jungbauer, Familienpsychologie
http://www.psychostudium.de/literaturincludes/probetexte/3621276815.pdf
(19.01.2016)

http://www.ploecher.de/2011/12-PA-L1-11/Heitmeyer-etc.pdf (03.02.2016)

http://www.uni-bielefeld.de/Universitaet/Einrichtungen/Pressestelle/dokumente/BI_research/30_200 7/Seiten%20aus%20Forschungsmagazin_1_07_55_58.pdf (03.02.2016)

BEI GRIN MACHT SICH IHR
WISSEN BEZAHLT

- Wir veröffentlichen Ihre Hausarbeit,
  Bachelor- und Masterarbeit

- Ihr eigenes eBook und Buch -
  weltweit in allen wichtigen Shops

- Verdienen Sie an jedem Verkauf

Jetzt bei www.GRIN.com hochladen
und kostenlos publizieren

.